AF246793

ÉTABLISSEMENTS PUBLICS CHARITABLES.

LIBÉRALITÉS ET MARCHÉS. — DROITS D'ENREGISTREMENT. — DÉGRÈVEMENT.

Les établissements publics et spécialement ceux qui assistent les pauvres ont, à plusieurs reprises, insisté auprès des pouvoirs publics pour obtenir la suppression ou, tout au moins, la réduction des droits d'enregistrement applicables soit aux libéralités qui leur sont faites, soit aux marchés qui les intéressent.

A l'appui de leurs pétitions, ils invoquent l'obligation où serait l'Etat de donner l'assistance aux pauvres, et l'injustice qu'il commettrait en détournant, par un prélèvement de droits, une partie de l'aumône, de sa destination charitable.

Ils prétendent aussi que la loi du 18 avril 1831, qui forme le régime actuel, n'était qu'un expédient financier, une mesure essentiellement transitoire, et que la situation prospère de nos finances permet aujourd'hui de rendre aux établissements hospitaliers l'exemption dont ils avaient joui sous l'ancienne monarchie, sous le premier empire et sous la restauration.

PRÉCÉDENTS LÉGISLATIFS.

I.

La question a de nombreux précédents.

Précédents
législatifs. —
Amendement Parent
(1835).

Dès 1835, au cours de la discussion du budget, M. Parent avait proposé, par voie d'amendement, de réduire au droit fixe de 2 francs l'enregistrement des donations et legs au profit des hospices. Il donnait pour motifs que

« lorsqu'il s'agit de donations et legs faits aux hospices, il faut encourager
« ces sortes de dispositions et qu'à coup sûr, un bon moyen d'encourage-
« ment, c'est d'affranchir les hospices du droit d'enregistrement ou, du
« moins, de réduire ce droit à une quotité très peu considérable. »

Mais le projet rencontra une vive opposition : « C'est une très grande
« question d'économie politique, disait M. Teste, que celle de savoir s'il
« convient d'encourager les dispositions de la nature de celles qu'on veut
« faire jouir d'une sorte d'immunité... le danger s'est déjà fait sentir et la
« sagesse du Gouvernement est obligée d'y pourvoir. Chaque jour, le Conseil
« d'Etat annule ou réduit les aveugles ou indiscrètes dispositions par les-
« quelles se consomme l'exhérédation des familles et qui frappent de main-
« morte une masse considérable de biens. »

Ces observations déterminèrent le rejet de l'amendement (*Moniteur*, 1835,
p. 1483, col. 2).

En 1838, M. de Ribeaucourt d'Ambreville présentait à la Chambre des
députés une pétition ayant pour objet « la substitution du droit fixe au
« droit proportionnel d'enregistrement, pour les donations faites aux
« hospices ». La Chambre ordonna le renvoi de la pétition au Ministre des
finances. Mais il est à remarquer que le pétitionnaire avait consacré à des
fondations charitables la plus grande partie de sa fortune et tout porte à
croire que cette circonstance ne fut pas sans influer sur la détermination du
parlement. Quoi qu'il en soit, la proposition n'eut pas d'autre suite (*Moniteur*,
1838, p. 838, col. 3).

Le législateur fut appelé, peu de temps après, à se prononcer sur le fond
même de la question. Lors de la préparation du budget de 1839,
M. de Lahaye-Jousselin proposa d'accorder aux hospices une exemption de
droits absolue, à raison des donations et des legs auxquels ils seraient
appelés, et d'abroger, à leur égard, le régime fiscal établi par la loi du
18 avril 1831 : « En effet, disait l'auteur de l'amendement, cette loi n'est-elle
« pas de nature à paralyser la charité publique et à tarir la source d'où les
« dons peuvent venir ? Assimiler des pauvres à des collatéraux, c'est traiter
« en étrangers les enfants malheureux de la grande famille. »

Le Ministre des finances répondit à ces objections. Il démontra que le principe de l'amendement était contraire aux intérêts de l'État, puisqu'il tendait à la reconstitution des biens de mainmorte, et aux notions de la science économique, puisque les biens immobilisés entre les mains des collectivités « produisent moins et contribuent moins à la richesse du « pays que ceux exploités par les particuliers. »

La Chambre, s'associant à ces critiques, rejeta l'amendement (*Moniteur*, 1838, p. 1783, col. 1).

Pétition de l'hospice d'Elbeuf (1843).

Une proposition analogue, émanée de l'hospice civil d'Elbeuf, fut soumise aux délibérations du parlement en 1843. Les pétitionnaires alléguaient un double motif : 1° En prélevant un impôt proportionnel, le Trésor s'approprie une portion notable de l'aumône ; 2° les hospices et établissements de bienfaisance étant presque toujours astreints à convertir en rentes sur l'État les capitaux qui leur sont donnés, l'élévation de la rente, qui indique la prospérité de l'État, est pour les pauvres secourus par ces établissements une nouvelle cause de réduction de revenus.

Le rapporteur de la commission ne s'arrêta pas à ces considérations. Il établit que l'Etat, loin de s'enrichir aux dépens des établissements hospitaliers, s'associait directement aux charges de l'assistance, « en accordant, « chaque année, des secours aux établissements de charité les plus « nécessiteux. »

D'après ces motifs, la Chambre passa à l'ordre du jour (*Moniteur*, 1843, p. 1820, col. 1).

Pétition Houdin(1851).

En 1851, M. Etchegoyen déposa sur le bureau de l'Assemblée, au nom d'un sieur Houdin, une pétition tendant à « faire réduire au droit fixe, » la taxe exigible sur les actes d'acquisition et sur les libéralités faites au profit des établissements publics.

Cette nouvelle tentative resta infructueuse (*Moniteur*, 1851, p. 952, col. 1ᵉ).

Amendement de Latour (budget de 1860).

Lors de la discussion du budget de 1860, l'occasion parut favorable à MM. de Latour, de Cuverville, de Caffarelli et de Ségur, pour proposer, par voie d'amendement, de réduire à 5 p. 0/0, décimes compris, les droits d'enregistrement sur les dons et legs faits aux hospices et autres établissements d'utilité publique. On lit dans l'exposé des motifs : « Les ressources des éta-

« blissements de bienfaisance sont notoirement insuffisantes ; beaucoup d'en-
« tre eux succombent souvent à l'aggravation de leurs charges... il est cruel
« d'enlever aux pauvres une si notable partie des sommes qui leur sont
« destinées... »

L'amendement, recommandé par la commission au Gouvernement, ne fut
pas pris en considération (*Moniteur*, 1859, page 628, suppl., p. XI, col. 1ʳᵉ).

Dans la session de 1861, le Sénat avait prononcé le renvoi aux Ministres de l'intérieur et des finances, d'une pétition d'un sieur Bories, ancien
notaire à Caylus, ayant pour objet de substituer un droit fixe au droit proportionnel établi « sur les dons et legs faits aux pauvres, aux hospices, aux
« congrégations hospitalières et aux bureaux de bienfaisance. »

Les départements de l'intérieur et des finances ayant exprimé un avis
contraire, le sieur Bories adressa au Sénat une seconde pétition dans la-
quelle, tout en maintenant le principe de sa proposition précédente, il
demandait d'en réserver le bénéfice « aux établissements reconnus par l'Etat
« et n'ayant pour but unique que le soulagement des pauvres, sous la con-
« dition que ces établissements vendraient, dans l'année de la prise de pos-
« session, les immeubles légués, pour le prix être versé dans les caisses de
« l'Etat, à moins que, par des motifs qu'il pouvait seul apprécier, le Gouver-
« nement n'en autorisât la conservation et remplaçât le droit existant par
« un droit fixe d'un franc. »

Le rapporteur de la commission, répondant au principal argument invo-
qué par le pétitionnaire, déclara que, « jusqu'à présent, rien n'était venu
« démontrer que le payement du droit proportionnel sur les dons de l'espèce
« eût eu pour effet de gêner l'exercice de la charité, car, depuis 1831, ces
« largesses avaient été toujours en augmentant dans des proportions consi-
« dérables. » Et, après avoir rappelé le principe constitutionnel de l'égalité de
tous devant l'impôt, après avoir signalé les dangers qu'entraînerait le développement des biens de mainmorte, il terminait par ces considérations aux-
quelles les circonstances rendent toute leur actualité :

« S'il était établi un compte entre ce que l'Etat prend et ce qu'il rend, on
« trouverait, à n'en pas douter, que ses dépenses, sous forme de secours
« aux établissements hospitaliers et de subventions de toute nature, directes
« ou indirectes, sont très supérieures aux recettes qui proviennent du droit

« proportionnel sur les dons et legs charitables... Ne peut-on pas dire
« aussi que les secours distribués par les mains de l'Etat, le sont dans un
« esprit de justice plus équitable et mieux proportionnés aux besoins réels?
« Ils ont l'avantage d'établir une sorte de mutualité entre les divers établis-
« sements de bienfaisance, *car l'impôt que paye un établissement riche*
« *sert à subventionner un établissement pauvre.* »

Conformément aux conclusions de ce rapport, le Sénat vota l'ordre du
jour (*Moniteur*, 1863, p. 640, col. 2).

Pétition Ledieu (1866). Cependant le débat n'était pas définitivement épuisé. En 1866, un sieur
Ledieu proposa de restituer aux hospices le privilège qui avait été effacé par
la loi de 1831. Le rapporteur conclut nettement au rejet de la pétition. Il
démontra que la perception du droit sur les libéralités faites aux hospices
n'avait rien d'injuste :

« Si l'on vient dire que le revenu de ces dons a une destination d'utilité
« publique, de charité et de bienfaisance, on doit savoir que les impôts reçus
« par l'Etat ont aussi une destination d'utilité publique, qu'il a aussi des
« misères à soulager, des secours nombreux à distribuer, des fléaux et
« calamités générales pour lesquels son assistance est aussi prompte que
« nécessaire. Quand on voit qu'un ouvrier, un père de famille, un homme
« de la campagne, qui a placé le fruit de son labeur quotidien, ses épargnes
« péniblement gagnées dans l'acquisition d'une maison qui doit abriter sa
« femme et ses enfants, ne peut le faire qu'en payant des droits relativement
« considérables, n'y aurait-il pas injustice à exempter de ces mêmes droits
« ceux qui acquièrent gratuitement et sans que rien ait pu légitimer leurs
« prétentions aux choses qu'ils recueillent ? »

L'ordre du jour proposé par la commission fut adopté (*Moniteur*, 1866,
p. 458).

Pétitions des bureaux de bienfaisance de Nancy et de Nantes (1881). Enfin, par deux pétitions adressées au Sénat, en 1881, les bureaux de
bienfaisance de Nancy et de Nantes ont émis le vœu que tous les actes
intéressant les établissements charitables soient affranchis des droits d'enregistrement et de timbre. Le Ministre des finances, saisi de l'examen de
ces demandes, a répondu qu'il lui était impossible d'adhérer à une proposition tendant, par une conséquence plus ou moins proche, à substituer au

droit commun le régime exceptionnel de 1824 (V. Lettre du 7 février 1881, n° 333 annexe du procès-verbal de la séance du Sénat du 1ᵉʳ juillet 1882).

II.

Les considérations qui, à toutes les époques, ont déterminé les pouvoirs publics à repousser le rétablissement d'une législation exceptionnelle en faveur des institutions charitables, n'ont rien perdu de leur actualité. Elles reposent sur les véritables principes de l'économie financière. Il suffit, pour les faire apprécier, d'étudier la législation actuelle dans ses origines et de suivre, à travers ses phases successives, le développement de cette partie de notre droit fiscal.

Dons et legs.
Ancienne législation.
Droits
d'amortissement.

Sous l'ancienne monarchie, la loi rangeait dans la seconde classe des gens de mainmorte, « les hôpitaux, hôtels-Dieu, maladreries, aumôneries, « commanderies simples, fabriques, confrairies. »

Les aliénations consenties au profit de ces collectivités étaient désignées sous le nom « d'*abrègements* » ou « d'*amortissements*. »

Il était de principe que nul ne pouvait *amortir* ou *abréger* une fraction quelconque de son fief, « sans payer finance » à son seigneur immédiat. De là vint cette maxime que « tout amortissement accordé sans finance était nul » (*Mémoire concernant les impositions*, tome 4, pages 373 et suiv., édition de 1769). La somme payée au suzerain, comme condition de l'aliénation, prit le nom de droit d'amortissement. Elle tenait lieu « des lods et « ventes qui seraient échus au suzerain si l'héritage, ainsi tombé en main- « morte, avait été possédé par des laïcs et des séculiers. » (*Id.*)

Les droits d'amortissement, qui constituaient, à l'origine, des droits féodaux, furent définitivement rattachés au domaine de la Couronne par Philippe le Bel.

Aux termes de l'ordonnance rendue, sous ce prince, en 1291, « les églises « paieront pour leurs acquisitions, à titre gratuit, dans les aleux situés dans « les terres et les fiefs du Roi, l'estimation des fruits de deux années et, si « ces acquisitions ont été faites à titre non gratuit, de quatre années. » (*Id.*)

Le règlement édicté par Charles VI, le 11 février 1385, ajoute encore à cette rigueur ; il dispose que, « pour les choses et possessions que les « gens d'église, de quelque condition qu'ils soient, religieux au autres, ont

« acquises en ses fiefs ou censives, en quelque degré ou en aleux, soit par
« titre de dons, de legs, aumônes, achats ou échanges, ... ils seront
« contraints et il leur sera commandé de les mettre hors de leurs mains,
« sans fraude, dans un an, » si mieux ils n'aiment « payer *la tierce partie*
« d'autant comme vaudraient et monteraient les terres amorties (*Id.*, p. 381).

Depuis cette époque jusqu'en 1638, le tarif du droit d'amortissement est
plusieurs fois remanié. Ce qu'il importe de retenir, c'est que, pendant une
période de cinq siècles, cette taxe fort lourde pesa, sans aucune exception,
sur tous les amortissements, c'est-à-dire sur toutes les aliénations à titre
gratuit ou onéreux qui profitaient aux « hôpitaux, hôtels-Dieu, maladreries»
et autres collectivités hospitalières.

Arrêt de 1638.

L'arrêt du Conseil du 21 janvier 1638 vint modérer la sévérité de ce
régime. Il exonéra du droit d'amortissement « toutes les acquisitions,
« échanges, dons et legs » faits aux établissements charitables.

Il est à remarquer que ce droit exceptionnel ne s'applique pas aux « fon-
« dations *perpétuelles de prières* » faites au profit de ces *établissements
hospitaliers,* « lesquelles restent assujetties au droit d'amortissement, à
« concurrence de la somme jugée nécessaire pour acquitter la fondation. »

Droits d'insinuation.

Mais, de ce que les hôpitaux et les confréries charitables cessent, à partir
de cette époque, de payer le droit d'amortissement, ce serait une erreur de
conclure que ces établissements jouissent d'une immunité d'impôt absolue.
Les donations qui leur sont faites continuent à être soumises à la formalité
fiscale de l'insinuation. Une seule exception est admise par le tarif général
du 29 septembre 1722 : elle concerne les libéralités de sommes n'excédant
pas 300 livres, et les dons et legs faits en faveur de l'*Hôtel-Dieu* de *Paris*
et de l'hôpital des incurables. Toutes les autres libéralités, — et ce sont
les plus nombreuses, — restent assujetties au droit.

Législation
intermédiaire.
—
Loi du 5-15 décembre
1790.

La loi du 5-15 décembre 1790, qui a substitué à toutes les taxes féodales
et domaniales le droit d'enregistrement, ne prononce pas une exemption
absolue, en faveur des hospices, pour les libéralités qui leur sont faites. Elle
leur accorde seulement une réduction de la moitié du droit (V. ancien *Moniteur*, édition de 1841, tome VI, 2ᵉ partie, n° 360, p. 724).

Législation moderne

—

Loi
du 22 frimaire an vii.

Loi du 7 pluviôse
an xii

Le législateur de l'an vii effaça cette restriction. La loi de l'impôt doit être, selon l'expression de Duchâtel, « fondée sur les principes de l'égalité et « atteindre indistinctement toutes les fortunes » (*Conseil des Cinq-Cents*, séance du 6 fructidor an vi).

Mais l'énergie de ce principe d'égalité dut fléchir, dans les circonstances particulièrement difficiles que traversaient les établissements hospitaliers. En exécution des décrets des 19 mars et 28 juin 1793 et de la loi du 23 messidor an ii, les biens des hôpitaux, fondations et dotations en faveur des pauvres, avaient été réunis au domaine de la Nation. Les difficultés pratiques du nouveau système d'assistance ne tardèrent pas à se faire jour. Par une loi du 16 vendémiaire an v, l'Etat restitua aux hôpitaux et aux hospices la jouissance de leurs biens. Mais cette réparation était incomplète, puisque la plus grande partie des propriétés des hospices avait disparu dans les aliénations des biens nationaux. Il parut juste que l'Etat, qui avait absorbé le patrimoine de ces établissements, vînt en aide à l'œuvre de leur reconstitution. C'est pour ce motif que le décret du 15 brumaire an xii et la loi du 7 pluviôse de la même année réduisirent à 1 franc les droits d'enregistrement et de transcription exigibles sur les libéralités faites aux hospices et aux pauvres des hôpitaux.

Les travaux préparatoires de la loi mettent en lumière la pensée du législateur : « Nous sommes loin, disait Régnauld de Saint-Jean-d'Angély, du « moment où on peut craindre de voir une trop grande masse de propriétés « sortir du commerce et enlevées à la circulation, par une sorte de main-« morte. Il convient donc de *favoriser, d'encourager,* par tous les moyens, « cette heureuse disposition des citoyens à réparer les pertes des établis-« sements d'humanité. Le gouvernement a cru en trouver un dans « l'exemption, accordée aux donations en faveur des pauvres et des hospices, « des droits d'enregistrement et de transcription » (*Exposé des motifs, Moniteur,* an xii, p. 470, col. 3).

Sous l'influence des mêmes besoins, le décret du 18 février 1809 étendit cette réduction de tarif « aux actes de donation, legs ou acquisitions léga-« lement faits, en faveur des congrégations hospitalières ».

Loi du 16 juin 1824. Toutes ces dispositions exceptionnelles ne constituaient que des mesures de réparation ; elles auraient dû disparaître avec la situation qui les avait fait naître. Le législateur de 1824 eut le tort de méconnaître ce caractère transitoire, en appelant au même privilège les départements, arrondissements, communes, séminaires, congrégations religieuses. et généralement tous les établissements publics, et en donnant à l'exception une consécration définitive. A vrai dire, l'article 7 de la loi du 16 juin 1824 a une portée toute politique. Le pouvoir cherchait un point d'appui sur les congrégations : il s'agissait de reconstituer, autour du trône, une nouvelle mainmorte, avec son patrimoine sans cesse accru et sa puissance territoriale. Les travaux préparatoires de la loi révèlent cette tendance :

« Si un grand nombre d'églises, disait M. Gillet, dans la séance du « 10 mai 1824 (*Moniteur*, 1824, p. 583, col. 1), sont veuves de leurs « pasteurs, combien de communes sont aussi sans presbytère? Dans quels « lieux l'instruction publique, la religion ne réclament-elles pas et des sémi- « naires et la présence de ces frères de la doctrine chrétienne, dont l'ensei- « gnement et les bons exemples sont d'une influence si précieuse sur « l'éducation de la jeunesse ? Et cependant, Messieurs, quels édifices « publics, quelles propriétés appartenant aux hospices, aux fabriques, *aux* « *congrégations religieuses*, n'ont pas été vendues ou morcelées pendant la « Révolution? Il est donc bien important pour la société de recourir à tous les « moyens qui peuvent favoriser tous les établissements d'utilité publique, « encourager ces acquisitions, ces dons, ces legs, qui, seuls, peuvent « satisfaire à tant de besoins et réparer *tant de ruines.* »

Devant la Chambre des pairs, M. de la Villegontier demandait « si, après « une longue tourmente, qui a tout *déplacé ou détruit, et qui a laissé tant* « *de vides* qu'il est instant de combler, il ne serait pas désirable de seconder « les efforts qui tendent à procurer aux établissements publics ce qui leur est « d'une nécessité absolue. »

Seul, le comte Lanjuinais s'éleva, avec une grande vivacité, contre les tendances politiques de cette loi de finances. Il soutint que son but était de « *légitimer, sans examen, toutes les corporations religieuses,*» qu'elle créait un « privilège énorme, indéfini et sujet à toutes sortes d'abus, au profit « des *hospices et couvents* dont aujourd'hui plusieurs étaient déjà *mieux*

« *entretenus et mieux dotés* que jamais ; qu'elle serait absolument con-
« traire à la nature du droit d'enregistrement et à l'*esprit de nos lois*
« *anciennes et modernes* », que l'article était « obscur, équivoque, captieux,
« incohérent, illégal, despectueux pour la Chambre, également désavanta-
« geux pour le trône, pour les peuples et pour les ministres eux-mêmes. »
(Séance du 12 juin 1824, *Moniteur*, page 798, col. 1 et 2.)

Ces critiques n'arrêtèrent pas le vote de la loi.

Loi du 18 avril 1831. Mais on ne tarda pas à comprendre combien il était dangereux de mettre
Retour
au droit commun. une loi fiscale au service d'un intérêt politique. Au cours de la discussion du
budget de 1831, M. Baude proposa d'abroger le régime d'exception créé par
la loi de 1824 et de faire rentrer dans le droit commun tous les établissements publics.

En appuyant cet amendement, M. Calmon déclarait, aux applaudisse-
ments de la Chambre : « C'est précisément parce qu'en 1824 on a fait
« une brèche au principe que, successivement, par plusieurs degrés et par
« la loi de 1824, on a presque abrogé des dispositions très importantes de la
« loi de l'enregistrement, je veux parler de l'article 70, qui n'admet d'excep-
« tion que pour les acquisitions du gouvernement, car le gouvernement ne
« peut se payer de droits à lui-même..... je crois que le gouvernement
« ferait bien de rentrer dans cette voie, car *c'est une calamité pour l'État*
« *que des immeubles sortent du commerce, pour devenir la propriété*
« d'établissements qui les conservent à perpétuité. » (*Moniteur*, 1831,
page 751, col. 2 et 3.)

Ce n'était donc pas, comme on l'a pensé, « pour *faire face à des né-
cessités exceptionnelles* » que l'amendement de M. Baude fut voté. C'était,
au contraire, pour mettre fin à un régime arbitraire, pour revenir au droit
commun.

L'article 17 de la loi du 18 avril 1831, qui constitue le dernier état de la
législation, est ainsi conçu :

« Sont et demeurent abrogés l'article 7 de la loi du 16 juin 1824 et les
« dispositions des lois, décrets et arrêtés du Gouvernement qui n'ont
« assujetti qu'au droit fixe, pour l'enregistrement et la transcription hypo-
« thécaire, les actes d'acquisition et les donations et legs faits au profit
« des départements, arrondissements, communes, hospices, séminaires,

« fabriques, congrégations, consistoires et autres établissements publics.
« — En conséquence, ces acquisitions, donations et legs seront soumis
« aux droits proportionnels d'enregistrement et de transcription établis par
« les lois existantes. (*IXe série, Bull. 38, n° 106.*)

III.

Marchés.
Législation actuelle.

L'article 70 § 3 n° 1 de la loi du 22 frimaire an VII n'exceptait de la
formalité que « les actes d'administration publique. » Tous les autres actes,
dépourvus de ce caractère, c'est-à-dire se rapportant à l'intérêt particulier
de la commune, du département ou de l'établissement public, tombaient
sous l'application de la règle générale de l'assujettissement au droit, en
vertu des articles 20, 26, 29 et 36 de la loi de frimaire.

Tous les marchés intéressant les administrations hospitalières étaient
donc assujettis à l'enregistrement. Par une faveur refusée aux conventions
passées entre particuliers, la loi de frimaire appliquait indistinctement aux
marchés de l'espèce le tarif minime de 0 fr. 50 0/0.

Ce tarif a été relevé à 1 0/0 par l'article 51 de la loi du 28 avril 1816.
Mais, en ce qui concerne les marchés-ventes, soumis au droit de 2 0/0,
lorsqu'ils interviennent entre particuliers, le tarif de 1 0/0 continue à
former un véritable privilège, au profit des établissements publics.

Cependant, les communes et les établissements publics, trouvant insuf-
fisante la faveur qui leur était accordée, cherchèrent à s'exonérer du droit,
en constatant leurs conventions par des actes sous seings privés ordinaires,
n'ayant aucun des caractères apparents de l'acte administratif.

Pour aplanir les difficultés, un décret du 4 messidor an XII (49e *Bull.*,
n° 826), précisa la distinction fondamentale à établir entre les actes d'administration générale et les actes d'intérêt privé. Mais il offrit aux communes
et aux établissements publics un nouveau moyen de se soustraire à l'impôt
en décidant que tous les actes, consignés « en forme de délibération des
« membres de l'établissement, même avec le concours des particuliers ne
« seront considérés que comme actes sous seing privé, qu'il suffira de faire
« enregistrer quand on en fera usage, sauf ceux qui, renfermant des trans-
« missions d'immeubles, doivent être enregistrés dans les trois mois de
« leur date. »

Les établissements publics ne manquèrent pas, sur l'autorité de ce texte, de rédiger tous leurs marchés en forme de délibération, dans la pensée d'éviter le paiement du droit.

Le législateur dut intervenir. Par l'article 78 de la loi du 15 mai 1818, il a soumis nommément au droit proportionnel les marchés « de toute nature » passés par les établissements publics. La jurisprudence a nettement fixé le sens et la portée de ce texte. Les expressions « marchés de toute nature » comprennent tous les marchés administratifs, passés dans l'intérêt des communes ou des établissements publics, quel qu'en soit l'objet ou la forme (Cass., Ch. réun., 12 juillet 1875).

Mais la loi de 1818, tout en mettant fin à certaines difficultés d'interprétation, n'a fait qu'affirmer et consolider les immunités fiscales accordées aux actes passés par les établissements publics, dans l'intérêt de leur administration temporelle.

IV.

 Il reste à examiner, dans son principe et dans ses conséquences, la réforme dont l'adoption a été plusieurs fois proposée.

Vauban disait dans sa Dîme royale : « Tous les sujets d'un Etat ont besoin « de sa protection... Par conséquent, tous les sujets sont obligés de « contribuer à proportion de leurs revenus et de leur industrie... Tout « privilège qui tend à l'exemption de cette contribution est injuste et abusif. »

Ce principe d'égalité devant l'impôt, défendu par Turgot, par les physiocrates et par A. Smith, a été inscrit par l'Assemblée constituante dans la Déclaration des droits de l'homme. L'esprit de privilège et d'immunité a disparu de notre droit public : « chacun contribue à l'impôt, « en proportion de ses facultés et de sa fortune. » (Constitution de 1848, art. 15.) (1)

M. Garnier l'a dit excellemment : « Les lois d'exception sont pleines de

____

(1) Domat disait : « Les charges de l'Etat regardent les personnes, et chacun devant y contribuer, à proportion de ses biens..... » (*Droit public*, titre V.)

Smith exprimait la même pensée : « *as nearly as possible, in proportion to their abilities.* » (tome III, p. 255, 3ᵉ édition de 1789, Londres.)

« périls et de difficultés... Si justifiée qu'elle soit, l'exemption est mal
« comprise par ceux qui n'en profitent pas. Elle encourage leurs résis-
« sistances et légitime, en quelque sorte, toutes les tentatives qui sont faites
« pour faire sortir le privilège de ses limites. » (*Rép. pér.*, n° 5680-1.)

Ce n'est donc qu'avec la plus grande réserve et dans le cas d'absolue
nécessité qu'il est permis d'introduire une dérogation à la loi générale
de l'impôt.

Or, le privilège que revendiquent les établissements hospitaliers, en ce qui
concerne les droits d'enregistrement exigibles sur les libéralités qui leur
sont faites, et les marchés passés dans leur intérêt, ne serait justifié ni
en principe ni en fait.

L'assistance est-elle une dette de l'Etat?

Et d'abord, on peut douter de l'exactitude de la qualification de « *dette
de l'Etat* » appliquée à l'assistance publique. Sans doute, l'assistance est
un besoin social ; mais toutes les forces vives de la Nation, tous les
membres du corps social doivent prêter à l'œuvre de charité leur concours
solidaire. La responsabilité de l'Etat ne commence que lorsque la famille, la
commune, le département ont épuisé leurs moyens d'action. « Quand il n'y
« a pas de famille, a dit M. Marbeau, ou quand la famille est dans l'impos-
« sibilité de subvenir aux besoins de l'indigent, par qui sera-t-il assisté ?
« Par la commune. La commune est une autre famille... que si l'*assis-
« tance incombait à l'Etat*, on verrait la commune admettre avec trop de
« facilité beaucoup de pauvres, afin de grossir la part qui lui revient dans
« l'aumône nationale. » (*Note sur le travail et l'assistance, Moniteur*
de 1849, page 270, col. 3.)

MM. Dufaure et Coquerel, dont l'autorité a été invoquée, n'ont pas dit
autre chose :

« L'assistance, dans toutes ses formes, déclarait M. Coquerel, est un
« *devoir que la société s'impose* et *non un droit privé et individuel*
« *qu'elle reconnaît*. » Et il ajoutait : « L'indépendance de la bienfaisance
« privée est absolue, sacrée : il faut la *seconder*, la *guider*, l'*instruire*. »
(*Moniteur* de 1849, page 734, col. 2.)

On ne saurait mieux délimiter le rôle de l'Etat : seconder la bienfaisance
privée, c'est-à-dire, fortifier et élargir ses moyens d'action, par l'allocation
d'un secours, — surveiller la distribution de l'aumône, — tel est le devoir

de l'Etat. Mais rejeter sur l'Etat tout le fardeau de l'assistance publique, ce serait revenir au système de centralisation dont la loi de messidor an II a tenté l'application sans succès.

L'assistance publique n'est donc pas une dépense obligatoire de l'Etat : ce sont des commissions particulières, douées d'une personnalité civile, qui, sous le titre de bureaux de bienfaisance, hospices, etc., et sous la sur veillance de l'autorité publique, sont chargées d'assurer le soulagement des pauvres, soit avec les revenus de leur patrimoine propre, soit avec les dons de la charité privée, ou bien, enfin, avec les subventions des communes, des départements et de l'Etat. Ces personnes morales, qui participent aux droits civils, doivent, par une juste réciprocité, contribuer aux charges publiques : l'égalité des droits implique celle des devoirs.

Le prétendu principe que l'assistance publique est une dette de l'Etat paraît, dès lors, sans application dans le débat. Les motifs particuliers dont les établissements intéressés ont cherché à se prévaloir ne sont pas plus concluants.

Ancienne législation. En premier lieu, on ne saurait tirer une induction favorable des précédents législatifs. Il ressort, au contraire, de l'historique qui précède que les acquisitions faites par les hospices et autres gens de mainmorte n'ont jamais été plus lourdement frappées par l'impôt que dans l'ancienne monarchie. Sous le nom de droit d'amortissement, et sous le prétexte de « tenir lieu des lods et ventes, » le Trésor royal prélève, pendant cinq cents ans, le quart et même le tiers (règlement de 1385, v. ci-dessus, page 6) des biens tombés en main-morte. A la vérité, l'édit de 1638 adoucit cette rigueur : mais il ne touche pas aux droits attachés à la formalité de l'insinuation et, jusqu'à la loi de 1790, les libéralités en faveur des hospices, excédant 300 livres, c'est-à-dire les plus nombreuses et les plus importantes, restent sous le régime de l'insinuation.

Caractère transitoire ou politique des lois d'exception. Un second point a été mis en évidence : c'est que les exemptions accordées aux hospices, depuis la promulgation de la loi de frimaire jusqu'à la loi de 1824, loin d'être, comme on l'a dit, « *une application de la maxime posée par le conventionnel Barrère,* » procédaient, au contraire, d'une tendance absolument opposée à celles de la Révolution. Barrère demandait la sécularisation et l'aliénation des richesses des collectivités hospitalières. Le législateur de l'an XII et celui de 1824 voulaient relever les congrégations de leurs ruines, reconstituer le patrimoine des hospices, étayer, comme le disait un orateur du Tribunat, ces édifices « consacrés à la pitié, dont les « fondements furent si ébranlés. » (*Moniteur*, p. 509, col. 2, an XII.)

Tout autre est aujourd'hui la situation des hospices et des établissements de bienfaisance. Déjà, en 1849, M. Coquerel constatait que 80 administrations hospitalières possédaient 38 millions de revenus : « Tel hôpital, disait- « il, dans une ville de 2,500 âmes, possède 92,000 francs de revenus, une « autre ville de 1,700 âmes a un hôpital dont les revenus dépassent 60 mille « francs... Cette situation d'inégalité est grave ; elle soulève nécessaire- « ment la difficile et importante question de savoir jusqu'à quel point la « législation peut permettre que le *denier du pauvre* et de l'orphelin, du « malade et du vieillard, *dégénère en un bien de mainmorte que l'on accu-* « *mule*, au lieu de le dépenser. » (*Moniteur* de 1849, page 736, col. 1.)

Les observations de M. Coquerel n'ont pas cessé d'être exactes, car, depuis 1849, les ressources de l'assistance publique ont suivi une progression constante. Ainsi, en 1833, les recettes étaient de 51,222,079 francs ; en 1861, elles s'élevaient à 108,441,828 francs. La réduction de notre territoire les avait ramenées, en 1871, à 99,545,186 francs ; mais, dès 1872, elles ont atteint le chiffre de 106,691,644 francs. La statistique hospitalière de 1876 (1) donne les résultats suivants :

	PARIS.	DÉPARTEMENTS.
	francs.	francs.
Revenus propres.	8.349.965	35.413.059
Recettes totales	41.882 016	114.129.701

C'est-à-dire que les revenus propres aux établissements hospitaliers représentent, pour Paris, les 21 pour 100, et, pour les départements, les 56 pour 100

(1) *Statistique de la France*, 1876, tome VI, 2e partie, 4e section, page 56.

des recettes totales de l'exercice. Il importe de remarquer que cet accroissement considérable de ressources ne correspond nullement à une augmentation dans le nombre des établissements : ce nombre est resté depuis longtemps stationnaire. La progression générale des produits révèle donc un accroissement proportionnel dans la fortune de chaque établissement charitable.

Dans ces conditions, il est permis de se demander à quel titre ces personnes morales pourraient obtenir un dégrèvement qui est refusé à la généralité des citoyens. Tandis que les particuliers acquittent le droit sur l'actif brut des successions, sans déduction des charges, les hospices, qui disposent de revenus propres parfois considérables, recueilleraient, sans payer l'impôt, des libéralités dont l'actif est, le plus souvent, net et liquide. Ce résultat serait contraire à l'équité.

L'impôt ne pèse pas sur les pauvres. Les pétitionnaires, comprenant bien l'impossibilité de soutenir la discussion sur ce terrain, écartent la personnalité des établissements charitables et plaident l'intérêt des pauvres. D'après eux, le Trésor s'approprierait une partie de l'aumône. Mais l'argument n'est pas nouveau. Au cours de la discussion de la loi de 1849, relative à la taxe de mainmorte, M. Dupin avait fait, en ces termes, justice de l'objection :

« Les intérêts sont toujours ingénieux à se couvrir de certains mots.....
« aujourd'hui, c'est le mot pauvre qu'on va saisir dans la loi, et l'on dit : Ce
« sont les pauvres qu'on va imposer, ce sont les pauvres dont on va diminuer les ressources ! Non, Messieurs, car, comme on vous l'a dit, si un
« établissement qui a 2,000 fr. de rentes paye cent sous d'impôt, sans doute,
« il aura 5 francs de moins ; mais il ne faut pas croire que les pauvres de
« cette commune ou de cet établissement seront moins bien traités, parce
« que si cet impôt fait une lacune dans les recettes de cet établissement, on
« y pourvoira. Il y a des établissements auxquels l'Etat donne des subventions..... *Mais ce qu'on ne vous dit pas, c'est qu'il y a des établissements qui se soutiennent par eux-mêmes*, il y a un grand nombre
« d'hospices qui se sont *dotés au delà de ce qui leur est nécessaire* ! » (1)

Les statistiques annuelles prouvent l'exactitude de ces observations.

(1) Séance du 16 janvier 1849, *Moniteur*, 1849, page 153, col. 2.

Ainsi, en 1876, les ressources dont les bureaux de bienfaisance ont disposé
s'élèvent à la somme de . . . . Fr.   41.989.815
tandis que les dépenses (entretien, personnel, matériel,
secours) ne montent qu'à. 26.434.471

laissant ainsi disponible un excédent de recettes de. . .Fr.   15.555.344
(*Statistique de la France, 1876, 2ᵉ partie, 3ᵉ section, page 49.*)

Si ces établissements étaient exempts de l'impôt, leur budget présenterait
un excédent de recettes plus considérable ; mais comme cette plus-value, au
lieu d'être répartie entre les assistés, serait immobilisée en acquisitions de
rentes ou de biens fonds, les pauvres ne retireraient, en définitive, du dégrèvement demandé, qu'un avantage bien éloigné et très indirect.

Aucune des considérations développées à l'appui des demandes de dégrèvement ne paraît donc décisive. La réforme se concilierait, d'ailleurs,
difficilement avec les tendances de la législation moderne. Le parlement
s'est préoccupé, à plusieurs reprises, des moyens propres à restreindre le
développement des biens de mainmorte. C'est ainsi que la loi du 29 décembre 1880 a soumis aux droits de mutation les accroissements opérés entre
les membres de certaines associations civiles ou congrégations. On ne saurait, sans injustice, diviser les gens de mainmorte en deux catégories, dont
l'une serait assujettie à toutes les rigueurs du droit commun, tandis que
l'autre serait placée sous un régime de privilège et d'exception. Une fois
introduite dans la loi, l'exception ne tarderait pas à s'élargir et à s'étendre,
de proche en proche, aux établissements religieux, aux fabriques, aux
communes, aux départements et à toutes les personnes morales et collectivités visées par la loi de 1824.

Conséquences finan-
cières.

Or, le retour au régime d'exception de 1824 affecterait gravement les
produits du Trésor. En effet, d'après les documents annuels de statistique
et les renseignements fournis par le Ministère de l'intérieur et la Direction
des cultes, les libéralités faites aux diverses catégories d'établissements
publics, aux départements et aux communes, pendant la période écoulée
de 1874 à 1878, se répartissent ainsi qu'il suit :

Dons et Legs.

ÉTABLISSEMENTS.	1874.	1875.	1876.	1877.	1878.
	francs.	francs.	francs.	francs.	francs.
Établissements : religieux (Fabriques, communautés	13.108.613	11.390 991	10.444.516	9.706.290	8.065.126
hospitaliers et charitables (Bureaux de bienfaisance	10.147.897	13.617.840	9.723.265	13.188.105	10.064.189
de prévoyance	191.846	138.886	176.787	154.288	234.734
d'instruction publique.	237.835	584.097	275.240	292.140	258.009
Communes.	5.998.532	6.180.352	5.628.196	6.135.417	5.628.548
Départements.	16.500	14.000	202.280	26.000	40.624
Totaux	29.701.223	31.926.166	26.450.284	29.502.240	24.291.230

Le tableau ci-après présente la répartition de ces libéralités, par nature de valeurs :

VALEURS.	1874.	1875.	1876.	1877.	1878.	TOTAUX.
Meubles.	19.525.647	20.045.971	18.974.960	22.073.760	16.417.714	97.038.052
Immeubles	10.175.576	11.880 195	7.475.324	7.428.480	7.873.516	44.833.091
Totaux . . .	29.701.223	31.926.166	26.450.284	29.502.240	24.291.230	141.871.143

Les libéralités s'élèveraient donc, pour l'année moyenne :

en ce qui concerne les immeubles, à $\frac{41.833.090}{5} =$ 8,966,618 francs.

en valeurs mobilières, à. . . . . . $\frac{97.038.052}{5} =$ 19,407,610 francs.

Mais il est à remarquer que l'estimation des immeubles, étant exprimée en valeur vénale, est supérieure d'un quart environ à la valeur imposable, formée par la capitalisation du revenu au denier 25. En conséquence, le chiffre moyen de 8,966,618 doit être réduit à . . . . . . .Fr.   6.724.964

Report des valeurs mobilières. 19.407.610

Total, sujet à l'impôt. . . . . Fr.   26.132.574

droit à 9 0/0, sur 26,130,000 francs, ci.	2.351.700
2 décimes 1/2	587.925
Total. . . . . Fr.	2.939.625

La réforme sollicitée ferait donc subir au Trésor un préjudice annuel de près de trois millions. Si le dégrèvement était limité aux libéralités concernant les établissements de charité, la moins-value serait encore supérieure à un million. Dans les circonstances actuelles, le budget se prêterait difficilement à un sacrifice de cette importance.

La mesure proposée, en ce qui concerne les marchés, ne comporte pas une réfutation particulière. Aux considérations qui précèdent il suffira d'ajouter que la loi de 1818 constitue déjà un régime d'exception très regrettable et qu'il serait impossible d'étendre cette faveur sans compromettre, de plus en plus, les intérêts du Trésor et sans consacrer l'inégalité entre les débiteurs de l'impôt. « Les biens que possèdent les établissements publics, « dit M. Garnier, les conventions qu'ils passent, pour conserver leur for- « tune ou pour l'accroître, n'ont pas un autre caractère que ces mêmes « biens ou ces mêmes contrats considérés dans leurs rapports avec les par- « ticuliers..... tous ont droit à une égale faveur » (R. P. 5680.) On ne s'expliquerait pas que les établissements hospitaliers, dont les revenus propres s'élevaient, à la fin de 1878, à 49,998,630 francs (*V. Statistique de la France*), et qui disposent, chaque année, d'excédents de recettes considérables, fussent exemptés du droit qui est payé par les communes et par les autres établissements publics, dont la situation financière est loin de présenter les mêmes conditions de stabilité.

D'après ces motifs, l'Administration des finances ne saurait donner son assentiment aux dégrèvements dont il s'agit.

Novembre 1882.

Paris-Imp. PAUL DUPONT 41, rue Jean-Jacques-Rousseau. 2170.11.82